AF284509

Else Kolon

Betrug am Menschenwohl

Pflegedienst in Brandenburg

Bibliografische Information der Deutschen
Nationalbibliothek:
Die Deutsche Nationalbibliothek verzeichnet diese
Publikation in der Deutschen Nationalbibliografie;
detaillierte bibliografische Daten sind im Internet über
http://dnb.dnb.de abrufbar.

Else-Kolon@web.de
auf facebook Else Kolon

Herstellung und Verlag: BoD – Books on Demand,
Norderstedt

ISBN: 978-3-7543-2223-9

Für meine Eltern in Liebe und
Dankbarkeit.

Vorwort

Was kann ich tun, wenn der beauftragte Pflegedienst willkürlich und betrügerisch handelt und das Leben eines nahestehenden Menschen gefährdet ist? Würde es mich selbst betreffen, wäre die Rechtsberatung durch einen Anwalt die richtige Anlaufstelle, aber ältere Menschen machen das nicht. Sie fühlen sich oft mitschuldig und wollen nicht anecken.

Was kann ich also tun? Diese Frage stellte ich mir.

Ich erzähle euch eine Geschichte. Es geht darin um das alt werden, um Leben und Tod, doch besonders um die Menschenwürde.

Sie beginnt folgendermaßen

Mein Vater ist gestorben. Letztes Jahr im Herbst machte er die Augen zu, nach einem langen, schmerzhaften und hoffnungslosen Weg. Es kam nicht überraschend, aber war es doch. Meine Mutter versorgte ihn, sie versorgten sich beide. Nun fehlte ein Teil.

Wir Kinder beauftragten in Absprache mit der Diabetologin einen Pflegedienst, der das Spritzen für meine Mutter übernehmen sollte, Diabetes Typ 1. Sie stand hilflos neben sich und wir wollten sie gut versorgt wissen.
Es klappte eine Zeit lang ganz gut, zumindest war ein Kontakt nach außen für sie vorhanden und wir Kinder wussten, dass drei Mal täglich jemand vorbeischaute.

Der Verlust eines Menschen wiegt schwer, besonders im Alter, wenn keine Ablenkung vorhanden ist. Jedes Ding im nahen Umfeld zeigt eine nicht vorhandene Präsenz, ein leerer Platz. Wer oder was soll ihn einnehmen?

Meine Mutter setzte sich selbst dort hin. „Dann muss ich ihn nicht immer vor Augen haben." meinte sie.

Ein Platzwechsel, doch wie für sich selbst sorgen? Jeden Tag ein neues Überwinden des Verlustes, vorher die Sorge um den kranken Mann. Jetzt soll dieser Platzwechsel wieder zu mehr Lebensqualität führen. Ein Leben, dass in dem Moment so wertlos erscheint. Auf einmal fühle ich als Kind eine Fürsorgepflicht. Es ist ein Umdenken aber bevormunden will ich nicht. Auch hier findet ein Platzwechsel statt.

Welchen Platz kann und sollte nun ein Pflegedienst einnehmen? Der Wunsch ist, dass er meine Mutter unterstützt, bei dem was ihr schwerfällt und auch mich als Angehörige entlastet. Der Wunsch nach einem vertrauensvollen Verhältnis, das ein Altern im selbstgewählten Umfeld ermöglicht.
Würdevoll natürlich, ein Mindestmaß an Rechten, sollte vorhanden sein und von Niemandem abgesprochen werden.

Doch wie oft wird sich im Alter weggeduckt, wenn dieser Umgang fehlt oder Druck von außen ausgeübt wird.

„Wo kann ich Recht bekommen? Was bin ich noch wert? Wer glaubt mir, einem alternden Menschen, wenn Jüngere das Sagen haben?" Im Vorteil ist, wer eine fürsorgliche Familie hat.

Betrug aufzudecken ist schwer, sich zu wehren ist schwer, sein Selbstwertgefühl zu bewahren und zu hinterfragen noch mehr. Hilfe rufen! An wen wenden? Nachdem was ich erlebt habe, graut es mir vor dem Altern.

Und das begann damit, dass die Ärztin in ihrer Verordnung Langzeit- mit Kurzzeit-insulin verwechselte. Meine Mutter verweigerte sich gegen das Spritzen. „Wenn die Ärztin es aufgeschrieben hat, stimmt es auch." war die Antwort. Nein, sie hatte sich geirrt. Meine Mutter hatte sich tapfer gewehrt.

Wir wechselten kurze Zeit später die Ärztin, da es nicht das einzige Vorkommnis bei Verordnungen oder Rezepten war und ihr herrisches Auftreten war letztendlich der Auslöser. Meine Mutter lief ein viertel

Jahr mit vorne offenen Verbandschuhen rum, sie sollte keine anderen Schuhe anziehen und das fast den ganzen Winter über. Der Orthopäde meinte: „Ich habe auch andere, bessere für diese Jahreszeit, aber die Ärztin hat nur diese aufgeschrieben."

Sie landeten bei der neuen Ärztin demonstrativ mit einem Kopfschütteln in der Mülltonne, die sie extra dafür hervorgezogen hatte. Und meine Mutter bekam sogleich neue mit nach Hause. Ein Strahlen verzauberte ihr Gesicht.
Die neue Ärztin war toll. Es war eine Wohltat und der erste Vergleich, was ärztliche Hilfe angeht. Den Pflegedienst behielten wir bei, nach der Aussage, dass sie unabhängig seien. Es gab auch zwei sehr nette Schwestern, aber man konnte sie sich leider nicht aussuchen.

Eines Tages fehlte eine Fixierverbandrolle als meine Mutter vom Insulinholen aus der Küche zurückkam. „Da lag doch gerade noch eine gelbe Rolle!?"

Schweigen - ein starrer Blick - keine Reaktion

Kann man so was glauben? Will man so was glauben?

„Ach vielleicht hast du dich doch geirrt." Aber die Rolle war weg.

Meine Mutter hat typische Diabetikerfüße, sie machen regelmäßig Probleme und das Laufen ist nicht immer leicht. Sie hat einen Krallenzeh. Die neue Ärztin wusste den Verband so anzulegen, dass sie keinerlei Schmerzen hatte. Es war also doch möglich schmerzfrei zu laufen. Wieder ein Jubeln und freudestrahlend erzählte sie mir, wie weit sie gelaufen war, ohne Schmerzen. Dazu musste nur eine Rolle unter den zweiten bis vierten Zeh festgeklebt werden, als Druckentlastung und schon konnte meine Mutter losflitzen. Doch gerade diese Neuerung sorgte für Unwillen bei den Schwestern. Die vorher zugeschnittenen und von meiner Mutter angefertigten Röllchen wurden einfach ignoriert. Als die Fußpflege einen gleichen Verband anlegte, zeigte meine Mutter ihn vor und meinte: „Na so!" Das Verbinden wurde weiter ignoriert. Wenn meine Mutter nachfragte hieß es: "Das macht die

Spätschwester." diese meinte dann "Das hat auch Zeit bis morgen." bis meine Mutter nicht mehr fragte. Sie legte demonstrativ den Fuß auf den Tisch, dann klappte es manchmal. Aber die Schwestern weigerten sich weiterhin ihn wie angeordnet zu verbinden, daher versuchte meine Mutter es selbst.

Ich schrieb einen ersten freundlichen Brief, den ich in den Breifkasten steckte, indem ich darauf aufmerksam machte, wie wichtig es ist, den Verband dementsprechend anzufertigen und dass es enorm zum Wohlbefinden beiträgt schmerzfrei laufen zu können. Doch es änderte sich nichts, also schrieb ich einen nächsten per Mail:

„Sehr geehrtes Pflegeteam der Hauskrankenpflege,

anbei schicke ich Ihnen eine neue Verordnung der Diabetologie in Bezug auf den Zehverbandwechsel. Aus Ihren Unterlagen ist ersichtlich, dass trotz Verordnung, dessen Eingang mir telefonisch bestätigt wurde, der Verband seit mindestens 20 Tagen nicht von Ihnen gewechselt wurde. Stattdessen hieß es „Die Rolle unter dem Zeh ist doch völlig unnötig." und „So viel Aufsehen, wegen einem kleinen Zeh." „Das ist doch alles verheilt." Als der Verband von der Fußpflege gezeigt wurde, die weiß was mit einer Rolle unter dem Zeh gemeint ist, hieß es„ Die Fußpflege ist keine Ärztin." Über die Notwendigkeit eines Verbandwechsels entscheidet die Fachärztin und nicht Ihr Personal. Die Wunde am Zeh kann so nicht verheilen, wenn keine Druckentlastung erfolgt.

Mit freundlichen Grüßen

Else Kolon"

16

Daraufhin passierte endlich etwas, der Verband wurde abfotografiert und die vorgefertigten Röllchen meiner Mutter wurden benutzt. Wenn auch nur leidlich und nicht lange haltend.

Wie geht man mit einem älteren Menschen, der Pflege bedarf, würdevoll um?

Es gab eine Schwester, die benannte meine Mutter mit Kosenamen wie:
„Hasipuppchen" und „Hatzelfatzi"

möchte man als über Siebzigjährige von einer unbekannten Frau derart betitelt werden? Ist das ein würdevoller Umgang mit einer älteren Dame?

Es ist entwürdigend und zeigt, dass der andere überhaupt nicht ernst genommen wird. Eine Degradierung ins Kleinkindalter und eine Entmündigung, die bei meiner Mutter für große Verwirrung und Unsicherheit sorgte.

Wie geht man mit derartigen Kosenamen um? Irgendwann sprach sie aus, dass sie so etwas nicht möchte.

Kleinigkeiten.
Warum sie aufzählen?
Einzelheiten. Kleine Stiche.

Laut Verordnung sollte die Nadel jedes Mal gewechselt werden, doch auch das klappte nicht. „Das ist zu viel Müll." war die Reaktion, als das angesprochen wurde. Und so wechselte meine Mutter selber die Nadeln, die Schwestern schauten nur komisch, dass noch ein Schutz drüber war.

Die Zuckerwerte waren nicht optimal, es kam öfter zu Unterzuckerungen am Abend und wir stellten fest, dass es insbesondere auftrat, wenn eine Schwester abends spritzte. Ich war dann immer zur Stelle um meiner Mutter beizustehen. Ich sprach es bei der Ärztin an und meine Mutter achtete darauf, dass sie auch ja genügend aß.

Hat sie nur zu wenig gegessen? Meine Mutter war sich unsicher.

Sie meinte zu mir, sie wisse gar nicht wie viel die Schwestern spritzen, für die Kaffeezeit wurde zu Mittag oft mit gespritzt ohne das es gesagt wurde.

Andere Male wurde es wieder weggelassen.

Sie fragte von nun an häufiger nach, was gespritzt wurde und wies auf die Verordnung hin. Ich fing an mir das Spritzprotokoll anzusehen, um ihr eine Auskunft geben zu können.

Weil sie am Abend häufig unterzuckert war, stellte ich fest, dass nicht immer entsprechend der Verordnung gespritzt wurde.

Einmal zog die Auszubildende die Spritze auf, die Schwester unterhielt sich mit meiner Mutter und die Auszubildende sagte laut 20 die gelbe und 4 die blaue Spritze.

„Nein, andersherum!" schrie meine Mutter da panisch auf.

Sie rief mich ängstlich an, weil sie nicht wusste, wie viel ihr gespritzt wurde.

Ein andermal war die Patrone beim Langzeitinsulin nicht ausreichend gefüllt, meine Mutter legte eine neue Patrone bereit. Doch die Schwester spritzte nur das, was drin war und meinte, „Die Patrone müsse mal wieder gewechselt werden." „Aber das waren doch keine 20 Einheiten."

„Das lassen Sie mal meine Sorge sein."

es folgte ein verzweifelter Anruf meiner Mutter bei mir.

„Da waren höchsten 5 Einheiten drin, ich habe doch extra die neue Patrone hingelegt."

Bei der nächsten Unterzuckerung nahm ich mir wieder das Protokoll zur Hand und verglich die Einheiten mit denen am vorigen Tag. Sie war schon im Vorfeld recht niedrig, da hätte man abweichen können, bei 6,1. Aber es wurde diesmal laut Verordnung gespritzt, stellte ich fest.

Am nächsten Tag kam die Chefin vom Pflegedienst und meine Mutter wies sie auf die Unterzuckerung am Abend hin.

Daraufhin wurde das Protokoll aus dem Ordner mitgenommen.

Ein paar Tage später stellte ich fest, dass die Unterschrift an diesem Tag abends fehlte. Das machte mich stutzig, da sonst immer alle Unterschriften vorhanden waren, egal ob meine Mutter einen Termin hatte oder nicht. Ein leeres Feld war ungewöhnlich. Und ich hatte die Unterschrift an dem Abend gesehen.

Was tun? Nicht zu reagieren bedeutet, dass meine Mutter sich selbst in die Unterzuckerung gespritzt hat. Das hätte sie nie getan. Was wenn sowas nochmal passiert?

Dann löschen sie auch einfach ihre Unterschrift und haben mit der ganzen Sache nichts mehr zu tun. Unterzuckerungen kamen mittlerweile häufiger vor.

Meine Mutter sprach die entsprechende Schwester an, dass sie doch an dem Abend gespritzt hat.

Diese meinte nur:

„Bekommen Sie das etwa nicht hin."

Daraufhin schrieb ich an dem Abend folgende Mail:

„Sehr geehrtes Pflegeteam der Hauskrankenpflege,

am 02.05.2021 rief mich meine Mutter am Abend an, weil sie stark unterzuckert war. Es ging runter auf 2. In Ihren Unterlagen war ersichtlich, dass von Ihrer Pflegekraft bei einem Wert von 6,1 BE 4 Einheiten Insulin gespritzt wurden. Ich verglich es mit dem Vortag, bei dem 5 Einheiten bei einem Wert von 12 BE gespritzt wurden. Meine Mutter sprach Sie am nächsten Tag auf Ihre Unterzuckerung an und es wurde von Ihrer Seite das Blatt entwendet. Ich bin erstaunt nun in den Unterlagen zu sehen, dass von Ihrem Pflegedienst am 02.05.2021 am Abend nicht mehr gespritzt wurde. Ich möchte Sie darauf hinweisen, dass ihr Vorgehen kein Vertrauen schafft, keine Fahrlässigkeit ist, sondern einen bewussten Betrug darstellt.
Ich wünsche auch, dass meine Mutter von Personen gespritzt, die sich mit Diabetes auskennen und dafür ausgebildet sind.

Mit freundlichen Grüßen
Else Kolon"

Hätte ich es anders formulieren können? Diplomatischer?

Nun waren die Schwestern überfreundlich, aber sie ließen sich nicht mehr ins Protokoll blicken. Sie nahmen es in einem anderen Hefter mit und verweigerten den Einblick, daher fragte meine Mutter regelmäßig nach.

Die Chefin forderte die Schwester auf schriftlich Stellung zu nehmen, was ich zwar nicht verstand, aber immerhin eine Reaktion.

Es folgte ein Rundumschlag mit fadenscheinigen Erklärungen per Mail.

Hier ein Auszug:

„Bezüglich einer Ihrer letzten Bemerkungen zur Abendspritze erst um 20 Uhr, kann ich Ihnen versichern, dass ihre Mutter gegen 18:45 Uhr bis 19 Uhr versorgt wird. Die Behandlungszeiten notieren wir in der Pflegeakte.

Ich möchte auch erwähnen, dass es vorkam, dass Ihre Mutter zur Mittagsversorgung nicht angetroffen wurde und wir sie deswegen zweimal angefahren haben. Auch früh kam es vor, dass sie nicht geöffnet hat. Es ist uns schon öfter aufgefallen, dass Ihre Mutter manchmal mit der Zeit durcheinander gerät. Die Pflegeakte ist Eigentum der Hauskranken-pflege und eigentlich nicht für Angehörige bestimmt. Es stört uns allerdings nicht, wenn Sie die BZ-Werte darin überprüfen. Ich möchte Ihnen mitteilen, dass bei Blutzuckerwerten unter 7 mmol/l ihre Mutter darauf hingewiesen wird, die in diesen speziellen Fällen von uns eingestellten Einheiten NACH dem Essen zu spritzen. In der letzten Woche hat sie vor der Abendversorgung bereits zwei Einheiten gespritzt mit der Begründung, ihr Blutzuckerwert wäre so hoch gewesen und wir kämen erst um 20 Uhr… Sie spritzt sich also hin und wieder eigenständig Insulin, notiert es aber nicht. Das eigenmächtige Spritzen birgt natürlich die Gefahr der Unterzuckerung. Laut Aussage Ihrer Mutter, lässt sie sich jedoch schnell ablenken. Ich vermute, dass sie am 2. Mai die Einheiten gespritzt hat OHNE vorher zu essen. Es ist natürlich möglich, dass mal ein Namenskürzel vergessen wird was aber auf keinen Fall absichtlich geschieht. An besagten 2. Mai war ich diejenige, die nicht gekürzelt hat."

Es wurde vorher nie mit meiner Mutter oder mit uns Angehörigen gesprochen.

Und so antwortete ich:

„Sehr geehrtes Pflegeteam der Hauskrankenpflege,

ich habe um keine derart ausführliche schriftliche Stellungnahme gebeten, sondern nur darauf hingewiesen, dass der Austausch des Blattes bemerkt wurde, nachdem die persönliche Ansprache erfolgte. Das auch nur zufällig. Da Sie hier Ihren Frust ablassen, zu Ihrer Information, es kam keine Beschwerden meinerseits, was Abendspritzen erst um 20 Uhr angeht, da müssen Sie etwas verwechseln. Die direkte Ansprache meiner Mutter, wenn es um das Spritzen durch Auszubildende geht, finde ich immer wieder hilfreich, dann hat meine Mutter bestimmt auch nichts dagegen. Es wäre schön, wenn Sie mich auch benachrichtigen würden oder eine Notiz hinterlassen, wenn meine Mutter nicht erreichbar war. Meist hat sie die Pflegekraft vorher informiert, wenn Sie ein Termin hatte.

Mit freundlichen Grüßen

Else Kolon"

Auf einmal war das Protokoll für April wieder im Ordner, der auch für uns einzusehen war und siehe da es hatte nun Lücken. Der Mai wurde weiter in einem Extrahefter gehütet wie ein Schatz.

Dann kam es zu einem weiteren Vorfall. Die Schwester, die den Brief formulierte, weigerte sich morgens Kurzzeitinsulin zu spritzen.

„Aber ich habe doch noch nicht gefrühstückt, da brauche ich immer die 9 Einheiten!"

„Das lassen sie mal meine Sorge sein."

„Aber kann ich denn ganz normal frühstücken?" fragte meine Mutter unsicher.

„Ja, das können sie."

Zu Mittag war meine Mutter bei einem Zuckerspiegel von 23. Sie rief die Schwester an, was sie machen soll, es war am Wochenende.

„Ich bin in einer halben Stunde da." war die Antwort.

Dann spritzte die Pflegekraft runter. Soweit runter, dass es auf 3 herabsank und meine Mutter wieder panisch mich anrief.

Am Abend war ich bei ihr, als die Schwester kam, sie war sehr nervös als sie mich sah und ich fragte sie, was sie mittags gespritzt habe.

Sie antwortete 14, sie musste ja schließlich von dreiundzwanzig runter spritzen.

„Das war zu viel." antwortete ich.

Auf die Frage, warum sie am Morgen nicht wie verordnet gespritzt habe, kam die Antwort:

„Was sie hatten noch nicht gefrühstückt." und verließ dann eiligst das Haus.

Ich hatte bereits handschriftlich einen Brief verfasst, um auf die Über- und Unterzuckerung durch die Schwester an diesem Tag hinzuweisen und ich forderte den Pflegedienst auf, das Protokoll transparent zu machen, damit derartige Abweichungen nachvollziehbar sind, den Brief gab ich ihr mit.

Um eine Änderung im Protokoll zu verhindern, schrieb ich am Abend noch folgende Mail:

„Sehr geehrtes Pflegeteam der Hauskrankenpflege,

heute früh hat die Schwester sich geweigert Kurzzeitinsulin zu spritzen, obwohl gesagt wurde, dass erst noch gefrühstückt wird, wie immer. Zur Mittagszeit wurden dann 14 Einheiten gespritzt, wie ich erst durch nachfragen erfahren konnte, wodurch eine erneute Unterzuckerung zustande kam. Eine Erklärung, warum morgens nicht gespritzt wurde konnte nicht gegeben werden. Ich bitte daher darum, wenn dann nur geringfügig von der Verordnung abzuweichen, da alles andere lebens-gefährlich ist.

Mit freundlichen Grüßen
Else Kolon"

Am nächsten Tag fragte meine Mutter morgens wieder wieviel gespritzt wurde 10 und 16 war die Antwort.

„In der Verordnung steht aber 9 und 20."

„Ich entscheide was ich spritze."
antwortete die Schwester.

Das Protokoll wurde weiterhin gehütet, beim nächsten Antreffen, hieß es, es ist Eigentum des Pflegedienstes und nicht einsehbar.

„Wenn sie zur Ärztin fahren bekommen sie es."

„Wir haben diese Woche einen Termin bei ihr." sagte ich.

Das Protokoll bekamen wir nicht,
„Es wird der Ärztin per Mail gesendet."

Meine Mutter war bei der Ärztin zur Fußbehandlung. Als wir das Thema ansprachen war sie fassungslos und las das Fibro libre Messgerät aus. Wir setzten uns zusammen und in dem Protokoll, was sie auch wirklich bekommen hat, waren die Abweichungen ersichtlich.

Mit einem gewissen Stolz sah ich, dass am 2. Mai wieder eine Unterschrift vorhanden war. Auch am 15.05. stand eine Unterschrift.

„Was kann man tun? An wen kann man sich wenden?"

Auch die Ärztin war überfragt.

Meine Mutter meinte:
„Ach lass doch, du bist immer so konsequent."

„Ja, aber andere ältere Menschen haben keine Angehörigen die in der Nähe sind und sich kümmern."
„Da sollte man auf alle Fälle was tun." pflichtete mir die Ärztin bei und erstellte eine neue Verordnung mit folgenden Worten:

„Bitte strikt an die Anordnungen halten, bei Weglassen oder eigenmächtiger Insulindosierung durch Pflegepersonal besteht Lebensgefahr durch Über- oder schwere Unterzuckerung, siehe Protokoll

15.5. Bei Unsicherheiten bitte telefonische Rücksprache mit unserer Praxis!"

Die faxte sie dem Pflegedienst zu.

Frohen Mutes und erleichtert verließen wir die Praxis, sie hat uns geglaubt und im Protokoll rote Kringel hinterlassen, wo eigenmächtige Insulindosierungen stattgefunden hatten. Meine Mutter beschloss auf den Pflegedienst künftig zu verzichten und die Ärztin unterstützte diese Entscheidung. Sie verschrieb noch ein Notfallspray bei Unterzuckerung.

„So etwas gibt es?"
„Ja schon lange."

Beim Pflegedienst rief ich abends an und teilte mit, dass sie vorerst nicht kommen brauchen.

„Ja, aber der Ordner, das ist unser Eigentum."

„Den können sie sich abholen."

Am nächsten Tag um 10:30 Uhr standen Schwester und Auszubildende unangemeldet vor der Tür. Sie bekamen den Ordner von mir über den Gartenzaun gereicht.

Ich war wie durch Eingebung zu meiner Mutter gefahren.

„Wir brauchen noch ein Schriftstück, dass wir nicht kommen sollen!"

„Das faxe ich Ihnen nachher zu, wir haben jetzt einen Termin.
Meine Mutter musste zur Physiotherapie.

„Nein, das machen sie jetzt!"
„Ansonsten schreibe ich es vor und sie unterschreiben einfach."

„Nein jetzt nicht. Sie bekomme es per Fax oder in den Briefkasten."

„Und den Verbandwechsel übernehmen Sie?" fragte sie giftig.

„Das hat meine Mutter doch eh selber gemacht." erwiderte ich.

Zum Glück trennte uns das Gartentor.

Die Pflegekraft war außer sich vor Wut, wendete sich an die Auszubildende mit den Worten:
„So, gut, du bist Zeugin."
und brauste aufgebracht davon.

Ich setzte mich mit meiner Mutter und sie schrieb:

„Sehr geehrter Pflegedienst,

hiermit teile ich Ihnen mit, dass ich …,
die weitere Pflege Ihrerseits ablehne. Nach
der vergangenen Trauerzeit bin ich wieder
in der Lage mich selbst zu spritzen.

Mit freundlichen Grüßen
Frau [Soundso]"[i]

Wir gaben es persönlich beim Pflegedienst
ab.

Nach dem die Tür geschlossen wurde, hat
sich auch dieses Kapitel erledigt.

Die Zuckerwerte meiner Mutter sind nun
besser als je zuvor und ihre Lebensfreude
ist zurückgekehrt.
Ein Segen, bei diesem ganzen Unheil.
War es das wert, wegen einer fehlenden
Unterschrift ins Wespennest zu stechen?

Ja, das war es.

Ich wollte nicht schweigen, denn auch ich werde alt werden und Hilfe benötigen und dann möchte ich nicht, dass andere schweigen.

Ich möchte, dass sie mir als alten Menschen glauben, auch wenn ich vielleicht schon etwas verwirrt sein werde. Ich möchte respektvoll behandelt werden. Denn auch ich habe eine Geschichte und meine Erfahrungen gemacht.

Ich möchte aufrütteln und Achtsamkeit fördern, die Episode mit meiner Mutter ist bestimmt kein Einzelfall.

Auf den folgenden beiden Seiten habe ich Hinweise und Hilfen aus meiner Recherche zusammengestellt, damit diese Geschichte sich nicht wiederholt.

Auszug aus der „Deklaration der Menschenrechte Sterbender"

☐ Ich habe das Recht, bis zu meinem Tode wie ein menschliches Wesen behandelt zu werden.

☐ Ich habe das Recht, Gefühle und Emotionen anlässlich des Todes auf die mir eigenen Art und Weise ausdrücken zu dürfen.

☐ Ich habe das Recht, kontinuierlich medizinisch und pflegerisch versorgt zu werden, auch wenn das Ziel „Heilung" gegen das Ziel „Wohlbefinden" ausgetauscht werden muss.

☐ Ich habe das Recht, meine Fragen ehrlich beantwortet zu bekommen.

☐ Ich habe das Recht, nicht getäuscht zu werden.

☐ Ich habe das Recht, meine Individualität zu bewahren.

☐ Ich habe das Recht, von fürsorglichen, empfindsamen und klugen Menschen umsorgt zu werden, die sich bemühen meine Bedürfnisse zu verstehen und die fähig sind, innere Befriedigung daraus zu gewinnen, dass sie mir helfen.

☐ Ich habe das Recht in Frieden und Würde zu leben und zu sterben.[ii]

An wen kann man sich wenden?

➢ BKK Landesverband Mitte Regionalvertretung Berlin und Brandenburg - Wichtig, solange man beim Pflegedienst in Pflege ist!!! [Anm. EK]

➢ MDK- medizinischer Dienst der Krankenversicherung

➢ KpVZ – kommunale pflegerische Versorgungszentren

➢ Verbraucherzentrale, Beratung gegen ein Entgelt

➢ Verbraucherzentrale, Einreichen von Beschwerden kostenlos

➢ Rechtsbeihilfe über einen Anwalt

➢ Vertraute Personen in der Umgebung

Vielen Dank für die Aufmerksamkeit

---

[i] Die in dem Buch wiedergegebenen Zitate beruhen auf reale mündliche und schriftliche Korrespondenz.

[ii] Die_Menschenrechte_Sterbender.pdf (sodis.de)